AF369899

LE GÉNÉRAL

ANTOINE RIGAU

1758 - 1820

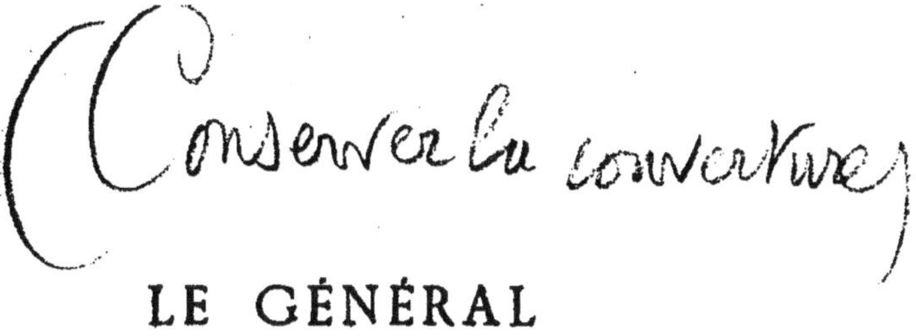

PARIS

TYPOGRAPHIE A. QUANTIN

COMPAGNIE GÉNÉRALE D'IMPRESSION ET D'ÉDITION

7, RUE SAINT-BENOIT

[illegible]

[illegible]

U[illegible]A [illegible]OTTA

LE GÉNÉRAL

ANTOINE RIGAU

(1758 - 1820)

LE GÉNÉRAL

ANTOINE RIGAU [1]

(1758 - 1820)

Parmi les grands capitaines suscités par les guerres de la Révolution, les uns, comme Marceau, Hoche, Desaix, Championnet ou Kléber, ont été enlevés à la fleur de l'âge, laissant après eux cette gloire sereine dont reste entourée, ainsi que d'une auréole, la mémoire des héros morts jeunes. D'autres, au contraire, partis du même point, ont parcouru jusqu'au bout la carrière, atteignant la plus merveilleuse destinée, comme Bonaparte, Ney ou Murat, sauf à la payer par une fin misérable ou tragique. C'est à cette race de soldats de fortune qu'appartient le général Rigau, dont l'existence mérite d'être mise en lumière, avec ses vicissitudes étranges et ses

[1]. D'après des documents inédits et des souvenirs de famille.

périodes éclatantes suivies des plus accablants
revers.

Antoine Rigau naquit à Agen, le 14 mai 1758.
Il n'avait gardé de sa famille qu'un souvenir
fort vague. Il quitta probablement Agen très
jeune, en suivant un régiment qui changeait de
garnison. On le retrouve, de 1779 à 1787, simple
soldat au régiment de Sarre-Infanterie. Il passa
en Belgique en 1787 et, passionné pour les idées
nouvelles, combattit, avec le grade de capitaine,
dans les rangs des insurgés brabançons, jusqu'à
la réunion des provinces belges à la France. Il
s'était marié, le 16 février 1788, avec Anne-
Josèphe Loyens, de qui il eut trois fils et deux
filles. L'un de ces fils, devenu colonel, a publié,
en 1843, une biographie de son père, notice sèche
et incomplète. Capitaine d'une compagnie fran-
che, Rigau reçut, à Jemmapes, le 6 novembre
1792, un coup de sabre en plein corps ; le lendemain, à Mons, un second coup de sabre au
bras droit et une balle dans la cuisse. Il était
réservé à celui que Napoléon appelait plus tard
le « martyr de la gloire », d'arroser de son sang
tous les champs de bataille de l'Europe. En janvier 1794, le représentant du peuple en mission
Laurent le nomma chef d'escadron, au 10e hussards. Le 25 avril suivant, Rigau commandait
l'avant-garde à la sortie de Bouchain, et son général ayant été pris, il rallia la cavalerie déban-

dée, la ramena, et refusa le grade de chef de brigade pour ne pas quitter le 10e hussards. Le 13 juin 1794, au combat de Rousseloër, toujours à la tête de ce régiment, il reprit deux canons, eut un cheval tué sous lui, se fit porter sur un autre et resta en selle cinq heures, malgré une affreuse blessure pansée à la hâte. Une balle lui avait traversé de part en part la mâchoire et la langue, en perforant le voile du palais.

Chef de brigade, le 16 août 1796, il commanda la cavalerie de réserve en Italie lors de la campagne de l'an VIII, et eut encore un cheval tué sous lui à Marengo. Il commanda ensuite le 25e dragons avec son grade de chef de brigade. Officier de la Légion d'honneur en prairial an XII, il fit avec son régiment la campagne de 1805 en Autriche et en Prusse, et mérita le cordon de commandeur pour sa brillante conduite à Austerlitz. Entre deux campagnes, Rigau, devenu veuf, s'était remarié en Alsace, à Thann, le 10 juin 1805, avec Marguerite Probst.

Rigau, nommé général de brigade en janvier 1807, se signala à Ostrolenska (16 février), où il eut le bras droit percé d'une balle. Pendant sa convalescence, on lui donna le commandement de la place de Marienbourg; il y occupa la résidence des anciens grands maîtres de l'ordre teutonique. Mais un ordre de l'empereur,

qui avait besoin en Espagne d'hommes sûrs, lui
fit bientôt traverser l'Europe. En novembre 1807,
il arrivait dans la péninsule, à la tête de la division de cuirassiers. Il faut citer, à propos de sa
campagne en Espagne, une anecdote qui fait le
plus grand honneur au désintéressement et à la
probité de Rigau. Les généraux français, à qui
le maréchal Soult donnait de haut l'exemple des
déprédations méthodiques, étaient fort redoutés
par les populations. Quand Rigau entra avec
son corps à Valladolid, le directeur d'une grande
fabrique d'orfèvrerie lui envoya un fourgon con-
tenant un magnifique service de vaisselle plate
pour obtenir que son usine fût protégée du pil-
lage. Rigau refusa avec indignation ce cadeau,
qui ressemblait à une rançon, disant qu'un général français n'avait pas besoin de récompense
pour faire son devoir. Tout au plus, à son départ de Valladolid, voulut-il accepter, à titre de
souvenir, un encrier en argent.

Napoléon, qui appréciait au plus haut point
Rigau, le nomma baron de l'Empire, le 17 mars
1808, avec une dotation de 10,000 francs sur les
biens réservés de Westphalie. En juin 1808, à
Madrid, il lui accorda une nouvelle gratification
de 25,000 livres, aimant à récompenser ainsi les
généraux qui ne se payaient pas de leurs propres
mains. L'empereur avait voulu, à plusieurs re-
prises, l'attacher à sa personne, mais, en dépit de

son admiration pour le génie militaire du vain-
queur d'Austerlitz, les sentiments républicains
de l'ancien volontaire brabançon l'empêchèrent
toujours d'accepter une pareille offre. Néan-
moins, il laissa entrer aux pages son fils aîné
Joseph, qui mourut à l'âge de dix-sept ans dans
le service de la maison de l'empereur.

En 1809, pour se reposer de ses fatigues et de
ses blessures, Rigau s'arrêta quelques mois à la
direction du dépôt de cavalerie de Pau. Mais,
peu après il obtint le commandement plus actif
du département de la Sarre. C'était un poste de
confiance, avec des pouvoirs étendus et une
installation princière. Il s'établit, avec sa femme
et sa jeune fille, à Trèves, à la Commanderie
des anciens chevaliers de Malte. Un trait montre
bien quelles sympathies le gouverneur de Trèves
avait su inspirer à ses administrés par la loyauté
de son caractère. En 1813, Rigau dut quitter les
siens pour aller prendre part à la campagne
d'Allemagne, à la tête de la 54ᵉ colonne de
marche. Après la défaite de Leipzig, les coalisés
ne tardèrent pas à s'avancer vers nos frontières.
La générale Rigau et sa fille, âgée de sept ans,
furent obligées de s'échapper à l'improviste, afin
d'éviter les envahisseurs, et partirent au milieu
de la nuit pour se réfugier à Luxembourg, laissant encore servie la table d'un dîner de qua-
rante couverts donné la veille. Dès qu'on con-

nut à Trèves le départ de la générale, la Commanderie fut envahie par une foule de visiteurs qui emportèrent cristaux, argenterie, bijoux, meubles, tableaux, tentures. L'ennemi, en arrivant, ne trouva que les murs nus et les parquets sans tapis. Lorsque, peu de temps après, Mme Rigau revint à Trèves, en une après-midi, on rapporta chez elle, à leur place, tous les objets mis en sûreté, sans qu'il manquât ni un cristal ni un couvert.

Rigau, rentré en France avec sa colonne, à la suite de nos désastres, fit des prodiges de valeur à Arcis-sur-Aube (20-21 mars 1814), conduisant une fois de plus au feu la brigade de dragons. Napoléon lui promit le grade de général de division sur le champ de bataille, où son impétueuse bravoure, son coup d'œil sûr et prompt lui valurent les éloges enthousiastes d'Oudinot et de Macdonald, deux bons juges.

Quand l'étranger nous eut ramené les Bourbons, Rigau dut à sa réputation de courage et à son indépendance d'esprit bien connue d'être nommé par Louis XVIII, en dépit de ses opinions libérales, chevalier de Saint-Louis et commandant du département de la Marne (27 juin 1814). Mais la tache originelle de la Restauration rendait le respect du pouvoir nouveau chaque jour plus malaisé aux patriotes. Aussi, quand en

janvier 1815, le gouverneur de Châlons fut in -
struit par le major Thévenin, commandant su-
périeur des escadrons du train, des menées bona-
partistes, sentit-il revivre au fond de son cœur
sa vieille prédilection pour l'empereur. Il se
rallia en secret aux mécontents et parvint à tirer
des caisses de Corbineau, receveur général de
la Marne, et du receveur particulier d'Épernay
une somme de 27,000 francs destinée à la pro-
pagande impérialiste. Au milieu de mars, le
maréchal Victor réunit à Châlons les corps
destinés à marcher contre les revenants de l'île
d'Elbe. Le commandant du département, qui
venait de donner asile au général Lefebvre-
Desnouettes, après l'avortement de sa tentative
de La Fère, se tint sur la réserve vis-à-vis du
maréchal. Après être allé prendre des instruc-
tions à Paris, Victor retourna à Châlons, le
20 mars, jour de l'entrée de Napoléon dans la
capitale, et voulut faire marcher ses troupes
contre l'empereur. Il appela auprès de lui tous
les colonels des régiments réunis à Châlons.
Pendant ce temps, Rigau faisait mettre les
troupes sous les armes, leur annonçait l'ap-
proche de Napoléon et foulait au pied le drapeau
blanc, ainsi que sa croix de Saint-Louis au cri
de : « Vive l'empereur ! » Victor, averti, renvoya
en toute hâte les colonels à leurs régiments res-
pectifs. Ils trouvèrent leurs soldats en pleine

insurrection, excités par Rigau, sur qui ils se précipitèrent le sabre levé. Le général, escorté du 5ᵉ hussards et du 12ᵉ d'infanterie, qui se prononcèrent pour l' « usurpateur », sortit de Châlons pour y rentrer le soir quand les événements de Paris furent connus. Dès le lendemain 21 mai, il publia officiellement le retour de l'empereur et reprit en son nom le commandement de la Marne. Il le conserva jusqu'en juillet. A cette date, il fut attaqué par le général Czernicheff avec un corps de 5,000 Russes. Rigau n'avait à Châlons que 150 hommes de troupes régulières. Il arma les élèves de l'école des arts et métiers et les patriotes de bonne volonté, tandis que les royalistes, dirigés par M. de Rainneville, faisaient tout haut des vœux pour le triomphe des étrangers. Ils parvinrent même à substituer des paquets de filasse à une partie des gargousses des batteries établies à l'entrée de la ville. A la tête d'une poignée d'hommes, Rigau opposa aux Russes une résistance opiniâtre. Une centaine de volontaires furent tués ou blessés sur les barricades. Mais, écrasés par le nombre, facilement tournés d'ailleurs dans une ville ouverte, ils durent mettre bas les armes. Rigau monta en voiture pour s'échapper et rallier l'empereur. Il fut rejoint au bout d'une demi-heure à Saint-Laurent, son cocher et son valet de chambre ayant été sabrés par les Russes. On le ramena à Châlons, où déjà les dames royalistes fraternisaient avec les Cosaques, insultant les patriotes. Par contre, les Russes se montraient pleins d'égards pour les vaincus. Tandis qu'on ramenait Rigau de Saint-Laurent à Châlons, sur un char à échelles, au grand soleil de juillet, les Cosaques de l'escorte, ne pouvant parvenir à faire accepter à leur prisonnier la mauvaise eau-de-vie de leurs gourdes, galopaient dans les champs pour lui rapporter des branches de cerisiers chargées de fruits. Quand la générale se rendit avec sa fille auprès de Czernicheff pour lui demander la permission de communiquer avec son mari, le général russe, faisant sauter dans ses bras la jeune enfant qui devait devenir la femme de Charles Kestner[1], représentant du Haut-Rhin en 1848, lui accorda immédiatement l'autorisation. Mme Rigau et sa fille trouvèrent le prisonnier gardé à vue dans une chambre par douze Cosaques, la lance au poing. Elles ne devaient plus le revoir. Il fut conduit prisonnier à Francfort

1. Charles Kestner épousa en 1827 cette fille du général Rigau. De ce mariage sont nées cinq filles : la première a épousé M. Risler, dont la fille est devenue Mme Jules Ferry. La seconde s'est mariée avec M. Victor Chauffour, ancien représentant du peuple et conseiller d'État ; la troisième avec le colonel Charras ; la quatrième avec M. Scheurer-Kestner, sénateur ; la cinquième a épousé M. Charles Floquet, président de la Chambre des députés.

et ne recouvra sa liberté qu'après le traité de Paris (fin novembre 1815).

Louis XVIII raya des cadres de l'armée l'héroïque général, à la date du 4 septembre 1815. Rigau se retira à Sarrebruck, où, avec le général Hugo, père de Victor Hugo, et Boulay (de la Meurthe), il s'occupa à mettre en rapport les uns avec les autres, en vue d'une action prochaine, tous les réfugiés français épars le long de la frontière. En mai 1816, le gouvernement royal traduisit « le maréchal de camp Rigau » devant le 2ᵉ conseil de guerre de la 1ʳᵉ division militaire, sous la prévention d' « avoir favorisé le retour de Bonaparte et d'avoir retiré des fonds d'une caisse publique pour corrompre les soldats ». Rigau fut condamné à mort par contumace pour crime de haute trahison. Toute une correspondance échangée entre les ministres de la justice, de la guerre, des finances et de la police générale (*Archives nationales*, dossier 1006) est consacrée à la question de savoir s'il fallait révoquer le receveur général Corbineau, à qui on avait donné un gendarme pour garde du corps. Corbineau parvint à établir qu'il n'avait pas avancé 17,000 francs à Rigau, mais que celui-ci avait seulement réquisitionné 10,000 francs chez le receveur d'Épernay. L'assertion est plus qu'invraisemblable, car le même dossier des Archives contient une lettre et des états de comptabilité de Rigau, adressés le 8 avril 1815, c'est-à-dire pendant les Cent-Jours, au grand maréchal du palais et qui ne laissent aucun doute sur la réalité des avances faites au commandant du département de la Marne par le receveur général. Corbineau rendit sans doute les 17,000 francs en masquant sa restitution par des écritures de fantaisie, pour sauver sa place et sa liberté.

Rigau apprit sa condamnation à Sarrebruck, où sa présence causait de très réels soucis au gouvernement français, qui redoutait l'audace et le courage à toute épreuve du condamné. Les dépêches de la police générale et celles du comte de Thiennes, ministre d'État à Bruxelles *(Arch. nat.)*, nous font connaître la surveillance dont il était l'objet et les descentes de police effectuées à son domicile. On cherchait à le surprendre dès qu'il mettrait le pied sur le territoire français. Un jour qu'il avait passé la frontière, sans doute pour voir quelques affiliés, le commandant de gendarmerie Thomassin, envoyé à sa poursuite, le reconnut au coin du poêle d'une auberge, déguisé en roulier. Leurs regards se croisèrent. Alors Thomassin, qui était resté ardemment patriote, s'adressant à l'aubergiste, lui dit, en élevant la voix : « Nous cherchons le général Rigau. Nous allons sur telle route. . » Et il sortit avec son escorte, laissant le proscrit se retirer librement.

Rigau, à la suite d'une saisie de ses papiers, fut convaincu d'entretenir des correspondances « avec les mécontents de l'intérieur », notamment avec un inconnu qui signait ses communications du pseudonyme de Christophe. Le commandant prussien de Sarrebruck allait, sur les instances de la France, faire transporter Rigau dans la forteresse de Wesel. Le général, prévenu du danger qui le menaçait, s'enfuit de nuit, se réfugia à Deux-Ponts et de là dans les Pays-Bas. Un rapport du commandant de gendarmerie de Metz (4 septembre 1816, *Arch. nat.*) faisait connaître à la police générale son arrivée à Etelbruck (Hollande). Le 18 août 1817, *le Moniteur* annonça qu'il se rendait en Suède. Voici sans doute l'origine de ce bruit. Bernadotte avait été le camarade de lit de Rigau, qu'il tutoyait. Il lui demanda de venir le rejoindre à Stockholm, lui offrant de lui rendre ses grades, titres et dignités. Mais Rigau ne voulut pas se trouver dans l'obligation de tirer éventuellement l'épée contre la France, comme l'avait fait Bernadotte à la bataille de Leipzig. Il refusa et, grâce à quelques secours réunis par des amis, il passa en Amérique avec un des fils et une des filles de son premier lit. Joseph Bonaparte, alors à la Nouvelle-Orléans sous le nom de comte de Survilliers, proposa à Rigau d'assurer son sort et, en particulier, d'attacher son fils à sa personne. Le proscrit préféra aller dans le Texas, au Champ-d'Asile, où le général Lallemand, son ancien compagnon d'armes, condamné à mort comme lui, dans les mêmes conditions, après avoir fourni la même carrière, avait essayé de fonder une colonie agricole avec quelques centaines de soldats français. Les colons du Champ-d'Asile furent bientôt décimés par les incursions des Indiens et des Espagnols, par les inondations et par les fièvres, conséquence naturelle du défrichement des terres vierges. Ils se dispersèrent, et Rigau, dénué de toute ressource, revint à la Nouvelle-Orléans, où son fils Narcisse prit la balle de colporteur pour nourrir sa famille. Triste existence après les splendeurs de la commanderie de Trèves ! Elle ne se prolongea pas longtemps, car, dans une lettre adressée au ministre des affaires étragères, en date du 14 septembre 1820, par le consul de France à la Nouvelle-Orléans, on lit : « Le général Rigau, celui qui commandait en second l'expédition du Texas et qui s'était réfugié ici depuis la dissolution du Champ-d'Asile, vient de succomber, le 4 septembre dernier à la maladie du pays » (la fièvre jaune). Le consul ajoutait, sans doute pour se faire bien venir du gouvernement français, en se posant en convertisseur : « Peu de jours avant sa mort, il m'exprimait encore ses regrets et son repentir de la part qu'il avait prise au funeste événement de 1815 ». *(Arch. nat.,* dossier 1006.) Cette assertion est fausse de tous points. Le vieux patriote était mort fidèle aux convictions de toute sa vie.

Quelques mois plus tard, Napoléon, qui croyait son ancien général toujours vivant, léguait, dans le troisième codicille de son testament, daté de Longwood, 24 avril 1821, 100,000 francs « au général Rigau, celui qui a été proscrit ». Le secours arrivait trop tard pour sauver de la misère le glorieux mutilé des armées de la République et de l'Empire, le héros de Rousseloër, d'Austerlitz et d'Arcis-sur-Aube.

Son nom est inscrit sur l'arc de triomphe de l'Étoile.

Paris. — Maison Quantin, 7, rue Saint-Benoit.